AF602813

PIECES IVSTIFICATIVES DE LA SEDITION excitée à Nismes le quatriéme Septembre, par le Ministre Baudan.

A PARIS,
Chés Guillaume Sassier, Imprimeur & Libraire ordinaire du Roy, ruë des Cordiers, proche la Sorbonne aux deux Tourterelles.

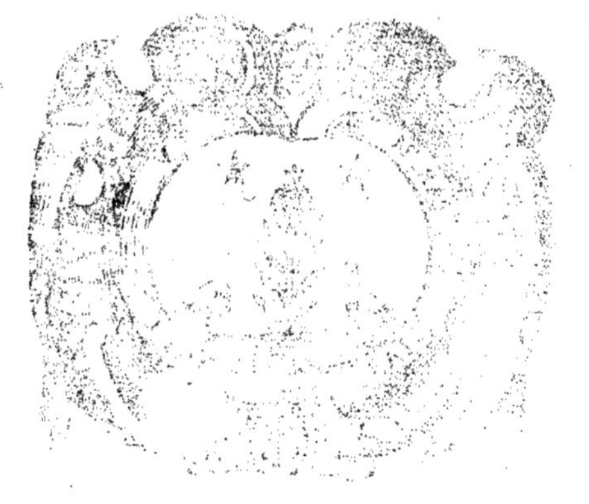

AV LECTEVR.

CEVX de la Religion pretenduë Reformée, ſous pretexte de faire vne Relation de ce qui s'eſt nagueres paſſé en l'attentat qu'ils ont commis à Niſmes, ont debité vn tiſſu de tant d'impoſtures, que pour en deſabuſer le public, il a ſemblé neceſſaire d'en faire vn recit auſſi veritable, que le leur eſt trompeur. D'autre part s'agiſſant d'vn ſacrilege, & d'vn aſſaſſinat qu'on pourſuit en Iuſtice, on ſe trouue obligé de dreſſer vn Memoire en forme de Factum, qui en informe les Iuges; & pour leur en donner vne cognoissance plus prompte & plus asseurée, on a trouué bon de suppléer par vne impression à toutes les Coppies, qu'il seroit malaisé autrement de tirer. Il importe mesme à l'auenir de sçauoir à quel poinct l'heresie & la rebellion s'est portée, quand elle a crû pouuoir estre impunie: & de voir par cette experience, quelle grace on doit accorder à vne Secte, qui apres s'estre introduitte dans les villes, par le massacre des Catholiques, donne encore à vn Ministre l'audace d'en chasser les Prelats.

Or de beaucoup de moyens qu'on pouuoit employer à ce dessein,

ſein, le meilleur a eſté de ne produire que les Actes meſmes du procés, & ce pour deux motifs. Le premier, pour monſtrer que nous ſommes auſſi eſloignez des fourbes de ceux de la Religion pretenduë qui diſent tout ſans preuues, que de leurs actions. Le ſecond, pour faire voir que nous ne donnons que des pieces authentiques, ſur leſquelles les Lecteurs peuuent appuyer vne ferme creãce, puiſque ce ſont les meſmes ſur leſquelles les Iuges doiuent fonder vn juſte Iugement. Elles ne ſont autres que les procés verbaux faits par les Magiſtrats, ſignez des Officiers de Iuſtice, & confirmez par plus de quarante teſmoins, qui ont esté presens: Les Arrests de la Chambre de Castres: le rapport des Medecins & Chirurgiens, & l'Ordonnance de Monseigneur de Nismes.

De ces pieces si certaines, le Lecteur tirera facilement les suiuantes verités, qui toutes font paroistre l'enormité du crime, & la necessité de la punition.

1. La bonne cause d'vn jeune Conuerty, qui par vne particuliere inspiration de Dieu, s'estant fait Catholique, cherche chés son Euesque vn asyle pour faire profession de sa foy.

2. Le procedé de Monseigneur de Nismes, plein de justice & de ciuilité, qui ne l'eut pas plustost receu,

qu'il en fiſt auertir les Iuges, & meſme les parents, les vns pour informer, les autres pour interroger, autant qu'ils voudroient leur parent ſur les motifs de ſa conuerſion.

3. Le refus fait par les Officiers de la Religion pretenduë, d'aſſiſter à l'information, ou de la ſigner y ayant aſſiſté.

4. Les Actes de Iuſtice faits par les parents & leur conſentement, que leur parent demeuraſt en la garde de Monſeigneur l'Eueſque, juſqu'à ce qu'il en fuſt ordonné par Arreſt.

5. L'audace innouie du Miniſtre Baudan, qui pour ſe rendre conſiderable à ſon parti, Vn jour de

Cene au ſortir de ſon Preſche, entra dans l'Eueſché, en teſte de pluſieurs centaines d'hommes armez, bleſſa & fiſt bleſſer les Domeſtiques de Monſeigneur l'Eueſque, força toutes ſes portes, & juſque deuant luy, rauit vn jeune Catholique, qui reclamoit publiquement ſa protection.

6. Le refus d'aſſiſtance donné aux Magiſtrats de Niſmes, par les Conſuls de la Religion pretenduë, & par la partie de la Maiſon de Ville qui eſt de leur parti.

7. Le deni de Commiſſaires de la Chambre de Caſtres, arriué par le partage de ceux de la Religion pretenduë, contre les Catholiques.

8. La continuation d'insolence au Ministre & en ses complices apres cette action, preschant expressement marchant auec trouppes, & menaçant de faire pis, si on en témoignoit aucun ressentiment.

9. Le peril de quelque plus fascheux accident, si on fust demeuré dans la ville, & si l'Euesque auec son Clergé ne se fust retiré dans vn lieu Catholique pour attendre la Iustice du Roy.

De tous ces faits qui sont visibles dans les pieces du procés, il est aisé de juger, si Monseigneur de Nismes & son Clergé pouuoit, on ne dit pas auec bien-seance, mais auec seureté demeurer dans la ville, apres l'impunité du crime, & l'audace des criminels, qui prenoient auantage pour entreprendre quelque chose de pis. On peut connoistre aussi si l'Assemblée Generale du Clergé, & les Estats de Languedoc, n'ont pas eu raison de se joindre en cause auec vn de leur Corps: & si tous les Catholiques n'ont pas interest de demander iustice de cét outrage commis contre leur Religion. On jugera enfin, s'il est moins du seruice du Roy que de celuy de Dieu, de donner vn frein à cette insolence, & ne pas souffrir qu'vn reste de petits factieux ostent aux Catholiques la liberté de conscience, qu'eux-mesmes reçoiuent de la bonté du Roy : & ſous pretexte d'vne vaine puiſſance, dont ils ſe flattent à faux, & que quelques intereſſez leur attribuent pour en tirer auantage, vn Miniſtre inſolent, auec quelques complices de la populace, ait l'audace d'attenter ſur des Prelats, tandis que luy & ſes ſemblables ſont tolerez dans toutes les villes, pour le reſpect qu'on porte aux volontez du Roy.

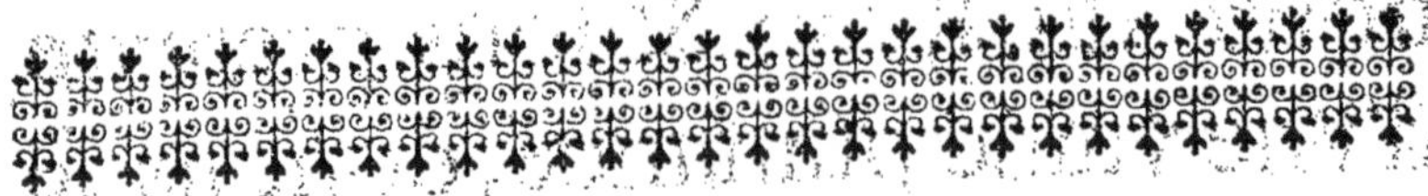

PROCEZ VERBAL DE Monsieur le Lieutenant Principal.

L'An mil six cens cinquante, le Mardy trentiéme jour du mois d'Aoust, sur les quatre ou cinq heures apres midy, Nous François de Rozel, Conseiller du Roy, & Lieutenant Principal en la Seneschaussée & Siege Presidial de Beaucaire & Nismes, & Louys de la Baulme, aussi Conseiller & Procureur de sa Majesté ausdites Cours, ayant esté aduertis par ordre du Seigneur Euesque de Nismes, & priés de sa part de Nous transporter à l'Euesché, ou Pierre Coutelle, fils de feu Pierre Coutelle, viuant Secretaire de la Maison & Couronne de France, âgé d'enuiron treize ans, s'estoit refugié, apres auoir abjuré la Religion pretenduë Reformée, & embrassé la Catholique, Apostolique, & Romaine, Nous y serions acheminés, où estans ledit Seigneur Euesque, Nous auroit requis de proceder à l'audition, & receuoir la declaration dudit Coutelle, suiuant l'vsage & pratique ordinaire, ce que Nous aurions offert, & ayant jugé necessaire d'estre assistés d'vn Magistrat qui fist profession de la Religion pretenduë Reformée, Nous aurions fait prier le Sieur de la Grange, Conseiller ausdites Cours, faisant profession de ladite Religion pretenduë Reformée de s'y transporter; ce ce qu'ayant fait, & luy ayant fait sçauoir la Conuersion dudit Coutelle, & sa retraitte en l'Euesché, Nous l'aurions requis de nous assister à l'audition & declaration qu'il auoit a faire; ce qu'il auroit refusé, au pretexte de quelque alliance qu'il auoit auec ledit Coutelle, s'estant chargé de voir ses parens pour prendre quelque accommodement en cette affaire. Et le lendemain Mercredy trente-vniéme du mois d'Aoust, estans retournés audit Euesché, pour sçauoir la réponse dudit Sieur de la Grange, en la resolution des parens dudit Coutelle y seroit venu le Sieur Berard, Oncle Maternel, & vn des Tuteurs dudit Coutelle, & dans la maison duquel il estoit esleué, accompagné du Sieur Braicy, lequel ayant desiré de voir ledit Coutelle seul & en particulier, & luy ayant esté accordé il se seroit entretenu dans vne chambre vn fort long-temps seul & en particulier auec ledit Coutelle ensemble ledit Braicy, & l'ayant treuué ferme & constant dans le dessein de viure & mourir dans la Religion Catholique qu'il auoit professée, il se seroit retiré, sans vouloir accepter aucuns des expediens qui luy furent proposés, qui estoient de mettre ledit Coutelle, si l'Euesché luy estoit suspecte, dans telle autre maison de la ville qu'il voudroit, pourueu que ce fust chés vn Catholique, quoy que la femme fist profession de la Religion pretenduë Reformée, y ayant beaucoup de maisons de Magistrats dans le Presidial partagées de la sorte, dont le choix luy fust donné, & parce qu'il y auoit sujet d'aprehender qu'on vsast de quelque violence pour enleuer ledit Coutelle, comme on en faisoit bruit, Nous aurions fait cognoistre audit Berard, que s'il arriuoit aucun inconuenient & desordre il en seroit responsable, sur quoy il Nous auroit protesté qu'il l'empeſcheroit bien, & qu'il ne prendroit jamais autre voye que celle de la Iuſtice; ſuppliant ſeulement ledit Seigneur Eueſque de ne ſouffrir pas que ledit Coutelle fuſt tranſporté hors cette Ville; ce que ledit Seigneur auroit accordé, enſuite de la promeſſe reïterée que ledit Berad fiſt en noſtre preſence, qu'on ne prendroit autre voye que celle de la Iuſtice; & quelque temps aprés ledit ſieur André Coutelle, Oncle, & l'vn des Tuteurs, les Damoiſelles de Berard, de Coutelle & autres, ſeroient venuës en diuers temps, & entretenu longuement en particulier ledit Coutelle, Nous ayant eſté rapporté par le Seigneur Eueſque que ledit André Coutelle voyant la fermeté & reſolution de ſon Nepueu, l'auroit injurié en ſa preſence, l'appellant bougre, & menacé que s'il le tenoit en ſon pouuoir il l'eſtrangleroit, & luy mangeroit le foye.

Apres quoy ayant treuué neceſſaire d'auertir la Compagnie de tout ce que deſſus, eſtans entrés au Palais, où la pluſpart des Magiſtrats eſtoient aſſemblés, Nouſdit Lieutenant Principal aurions fait le recit de tout ce qui s'eſtoit paſſé des expediens qu'on auoit propoſé, & des termes auſquels on eſtoit demeuré, y ayant eu beaucoup de conteſtations entre les Magiſtrats Catholiques & ceux de la Religion pretenduë Reformée, dont les derniers ſouſtenoient que l'enfant deuoit eſtre remis entre les mains de ſon Tuteur, & les autres au contraire qu'il deuoit demeurer dans l'Eueſché juſques à ce qu'il fuſt oüy par des Commiſſaires, ou dans la maiſon de quelqu'autre Catholique. Surquoy le ſieur de Peyremales Lieutenant Particulier ayant dit qu'il n'eſtoit pas en liberté de dire ſon ſentiment dans l'Eueſché, mais que ſi pour trois heures tant ſeulement on le mettoit dans la maison d'vn de la Religion pretenduë Reformée, qu'il s'asseuroit qu'il changeroit de dessein, Nousdit Procureur du Roy l'aurions pris au mot, & offert, au cas qu'il voulust, ou quelqu'autre Magistrat de la Religion pretenduë Reformée, s'en charger, & s'obliger à le remettre dans l'Euesché, qu'on le luy bailleroit, non seulement pour trois heures, mais pour tout vn jour; ce que n'ayant voulu accepter, Nous aurions requis la Compagnie de deputer deux Commissaires, l'vn Catholique, & l'autre de la Religion pretenduë Reformée, pour proceder à l'audition dudit Coutelle, & receuoir sa declaration. Ce qu'entendu par les Magistrats de ladite Religion pretenduë Reformée, ils auroient prié de renuoyer la deliberation de cetet affaire au lendemain, & que cependant on verroit si on pourroit prendre quelque accommodement auec les parens, ce qui leur auroit esté accordé.

Du Ieudy premier jour du mois de Septembre, jour Feriat, sur les bruits qui couroiẽt par la Ville qu'on vouloit enleuer ledit Coutelle, Nousdit Lieutenant Principal & Procureur du Roy, Nous serions rendus à l'Euesché, où se seroient aussi rendus les Sieurs de Cassaignes Galepin, de Fabrique Trimond, Conseillers, ensemble la pluspart de Messieurs du Chapitre de l'Eglise Cathedrale, le Sieur Louys Martinet, troisiéme Consul, & plusieurs autres Catholiques, où estans seroit venu ledit Sieur Berard, lequel auroit supplié ledit Seigneur Euesque de luy vouloir rẽdre sondit Nepueu, & en refus d'agréer qu'on luy fist vn Acte en Iustice, ce qu'ayant esté accepté, ledit Berard apres auoir de nouueau promis en presence de toute l'Assemblée, tant pour luy que pour le Sieur André Coutelle Oncle, & autres parens qu'il ne seroit vsé d'aucune violéce en cette affaire: mais qu'on suiuroit les voyes de la Iustice, se seroit retiré, & peu aprés seroit arriué ledit André Coutelle, suiui de Claude Priuat Notaire, & des nommés Imbert & Franc estudians au Ministere, pour seruir de témoins à l'Acte qu'il auoit a faire audit Seigneur Euesque; lequel ayant esté leu, ledit Seigneur Euesque auroit voulu faire sa réponse sur le champ; & afin que châcun peust estre informé de la sincerité de son procedé, & de la volonté dudit Coutelle, qu'il requeroit qu'il fust oüy en plaine assemblée, & que les Sieurs Consuls de la Religion pretenduë Reformée fussent presens pour estre tesmoins de la declaration qu'il feroit; ce qu'ayant esté treuué à propos, on auroit mandé ausdits Sieurs Consuls de se rendre à l'Euesché, & les Sieurs Bon & Roux second & quatriéme Consuls, faisans profession de la Religion pretenduë Reformée y estans venus accompagnés des Sieurs Percet Aduocat, Michelin & Deyron Bourgeois Conseillers Politiques de l'Hostel de Ville; & en suitte ayant fait venir ledit Coutelle, & Nousdit Lieutenant Principal l'ayant interrogé du sujet qui l'auoit obligé de quitter la maison dudit Berard son Oncle, & se refugier en l'Euesché, il Nous auroit répondu qu'ayant embrassé la Religion Catholique, Apostolique & Romaine, & abjuré la pretenduë Reformée, se voyant découuert par sondit Oncle, & autres parens, ausquels il auoit resolu de cacher sa Conuersion, craignant d'en estre mal-traitté, il se seroit refugié dans l'Euesché s'estant premierement jetté dans la maison dudit Sieur Ferrand, Receueur des Decimes, à cause de la cognoissance & habitude qu'il auoit auec vn sien fils, qui est de mesme âge, & de mesme Classe, & luy ayant demandé s'il s'il auoit esté induit ou suborné par les Iesuites ou autres, pour faire profession de ladite Religion Catholique, Apostolique & Romaine, s'il vouloit perseuerer en icelle, ou retourner en la maison dudit Berard son Oncle; Il nous auroit répondu, qu'il n'auoit esté ny induit ny suborné par les Iesuites, ny autres; que ce qu'il auoit fait estoit par vne inspiration du Ciel, & de son propre mouuement, qu'il vouloit viure & mourir dans ladite Religion, Catholique, Apostolique & Romaine, & verser pour cela jusques à la derniere goute de son sang; qu'il n'estoit point en la volonté de retourner chez ledit Sieur Berard, ny autres siens parens; parce que faisant tous profession de la Religion pretenduë Reformée, il n'auoit pas le libre exercice de la Catholique; & qu'au contraire il Nous supplioit de le faire conduire en quelqu'autre Ville où il peust continuer ses études, & y faire auec liberté profession de la Religion Catholique qu'il auoit embrassée; & en suitte ledit André Coutelle son Oncle luy ayant fait diuers interrogatoires, il auroit répondu auec vne constance & puissance d'esprit merueilleuses, & qui estonnoit toute l'Assemblée.

Apres quoy Nous dit Lieutenant Principal, assistez des Sieurs de Cassagnes Galepin, de Fabrique & Trimond, Conseillers, & de Nous dit Procureur du Roy, aurions fait sçauoir ausdits Bon & Roux, second & quatriesme Consuls, faisant profession de la Religion pretenduë Reformée, qu'on faisoit courir le bruit qu'on vouloit enleuer ledit Coutelle, qu'ils estoient témoings de sa volonté, que Nous leur enjoignons de tenir la main à ce qu'il ne fust rien attenté au prejudice du repos & tranquilité publique, qu'ayant la force en main, c'estoit à eux d'y veiller, & pour cét effet de mettre des Gardes aux aduenuës de l'Eueſché, & de faire des patouilles de jour & de nuit pour empeſcher les monopoles & aſſemblées illicites, & qu'au cas il arriuaſt aucun deſordre nous les en rendions reſponſables en leur propre & priué nom, & Nous ayant promis d'y ſatisfaire, & d'empeſcher l'enleuement dudit Coutelle, Nous nous ſerions retirés.

Du Vendredy ſecond jour dudit mois de Septembre, heure de huict du matin, Nouſdit Procureur du Roy ſerions entrés au Palais & en la Chambre du Conſeil, pour y faire deputer deux Commiſſaires, l'vn faiſant profeſſion de la Religion Catholique Apoſtolique Romaine, & l'autre de la pretenduë Reformée, pour ce tranſporter en l'Eueſché, & y receuoir la declaration dudit Coutelle; mais ny ayant treuué aucun Magiſtrat de ladite Religion pretenduë Reformée, & l'heure de l'Audiance Preſidialle eſtant venuë, ſans qu'aucun deſdits Magiſtrats de ladite Religion pretenduë Reformée fuſt entré, Nous aurions remis à l'apreſdinée de faire noſtre expoſition.

Dudit jour de releuée, Nouſdit Procureur du Roy, eſtant entrés au Palais, où eſtoient aſſemblés Meſſieurs de Caluiere Iuge Criminel, de Rozel Lieutenant Principal, de Peyremalles Lieutenant Particulier, Baudan, Caſſagnes, Barnier, Guiran, Villar, Gallepin, Iauſſaud, de Fabrique, Genaudan, Chabaud, la Grange, Cabiac, Rozel, Mazaudier, Trimond & Rozel Lanſard Conſeillers, ſix deſquels, ſçauoir, leſdits de Peyremales, Barnier, Guiran, Villar, la Grange, & Rozel Lanſard ſont les ſeuls Magiſtrats de ce Siege qui font profeſſion de la Religion pretenduë Reformée, Nous leur aurions exposé que la Compagnie estoit assés informée de tout ce qui s'estoit passé en l'affaire dudit Coutelle, & comme quoy on auoit recherché toute sorte de moyens pour y prendre quelque accommodement, & le terminer à l'amiable, mais que jusques icy tous les expediens qu'on auoit proposés auoient esté rejettés, & que les sieurs Berard & Coutelle auoient commencé de prendre les voyes de la Iustice, ayant le jour d'hier fait vn Acte audit Seigneur Euesque, & parce qu'il estoit important auant s'engager dans vn procés de sçauoir la volonté dudit Coutelle, qui deuoit estre la decizion de ce different, Nous requerions qu'il fust deputé deux Commissaires, l'vn Catholique, & l'autre de la Religion pretenduë Reformée, pour ce transporter en l'Euesché, & receuoir la declaration dudit Coutelle, & on ne pouuoit pas pretexter le refus qu'on auoit fait jusques icy du bas âge dudit Coutelle, comme si n'ayant pas atteint l'âge de puberté, & estant encore sous la charge de Tuteurs, il estoit capable de faire choix de la Religion qu'il veut embrasser, par ce qu'il n'est pas icy question d'vn acte ou Contract, auquel cas il n'en pourroit passer aucun sans le consentement de son Tuteur: mais d'vn fait de Conscience & de Religion, qui ne se reigle pas par vn droit Ciuil, la Foy estant vn don de Dieu qu'il communique aux jeunes aussi bien qu'aux vieux, ny ayant aucun âge impenetrable à ses saintes inspirations, que dans l'histoire Ecclesiastique, Nous auons quantité d'exemples de personnes beaucoup plus jeunes que ledit Coutelle, dont les vns auoient à l'âge de dix ans abandonné le Paganisme comme sainct Martin, les autres au mesme âge abjuré l'Heresie comme sainct Pierre Martir, celle des Manichiens, & les aucuns qui à l'âge de dix ans auoient souffert le Martyre, & versé auec joye tout le sang de leurs veines pour la deffense de la Foy, comme saincte Bazillisse, & plusieurs autres, dont le Martirologe Romain, & le Menaloge des Grecs fait mention, & comme nostre Sauueur Iesus-Christ n'auoit pas choisi pour publier son Euangile, les plus Doctes & les plus sçauans, mais qu'il s'estoit seruy des pauures pecheurs idiots & ignorans, aussi il n'auoit aucun esgard, ny à l'âge, ny au temps, pour communiquer ses graces, & qu'au contraire il sembloit qu'il en fust plus liberal à l'endroit des enfans, aussi dit-il dans les sacrés Cayers, *sinite paruulos venire ad me*, & il nous asseure par la bouche du Prophete Royal, qu'en ces occasions il forme leurs jugemens auant le temps, *intellectum dat paruulis*, & par ces considerations l'Eglise n'attent pas l'âge de puberté, pour faire participer ses enfans au plus haut & plus sainct Mystere de la Religion, qui est le tres-sainct Sacrement de l'Eucharistie, mais suiuant qu'elle les voit disposés, elle les y fait participer à dix, vnze, & pour le plustard à douze années; d'ailleurs que ledit Coutelle n'est pas si jeune estant bien auancé dans sa treiziéme année, & ainsi *proximus pubertati*, estant cette âge capable de dol sujet aux peines de droit suiuant la loy, *excipiuntur ff. ad senatus C. Tert.* qui vient en certain cas qu'vn Impubere puisse estre puny, parce que parfois, *malitia supplet ætatem*, il doit aussi estre censé capable de cognoistre le bien & le mal, & sçauoir distinguer la veritable de la fausse Religion, & que pour cela il estoit important de ne differer plus son audition; & d'autant que nous estions auertis qu'on faisoit bruit qu'on se disposoit à enleuer ledit Coutelle, & aporter la force & la violence, & qui pour-

roit

roit troubler le repos & tranquilité publique, Nous requerions qu'il fust enquis desdits bruits & menaces, & enjoint aux Consuls de tenir la main, à ce qu'il ne fust fait aucune assemblée, ny atroupement, ny vsé d'aucune voye de fait, à peine d'en respondre en leur propre & priué nom.

Est l'affaire mise en deliberation, le sieur de Rozel Lieutenant Principal premier opinant, auroit protesté, tant en son chef que de tous les Catholiques, qu'il souhaiteroit que l'on peust prendre quelque accommodement en cette affaire, qu'on jugeoit bien qu'il ne seroit pas raisonnable que l'enfant fust remis au pouuoir de ses Tuteurs, qui sans doute le maltraitteroient, puis que mesme le sieur André Coutelle l'vn d'iceux, n'auoit peu s'empescher en la presence dudit Seigneur Euesque de l'injurier, l'apellant bougre, qu'il le renioit pour son Nepueu, & que s'il le tenoit en son pouuoir, il l'estranglerbit, & luy mangeroit le foye, mais qu'il estoit d'auis de remettre ledit Coutelle pour trois jours entre les mains d'vn des sieurs Magistrats de la R. p. R. à condition qu'il s'en voulust charger à tous perils, & reintegrer apres ledit temps ledit Coutelle audit Seigneur Eupsque, oubien de deputer deux de la Compagnie, l'vn Catholique, & l'autre de la R. p. R. à Messieurs de la Chambre de l'Edit, seant à Castres, & soubmettre à leur jugement la decision de cette affaire, à condition aussi que jusques au retour desdits Deputés il ne seroit rien innoué; mais ces deux propositions n'ayant pas esté acceptées, lesdits sieurs Magistrats de la R. p. R. n'ayans pas voulu se charger dudit Coutelle, & se rendre responsable des euenemens, ledit sieur Rozel auroit esté d'auis de deputer presentemét deux du Corps, l'vn Catholique, & l'autre de la R. p. R. pour se transporter à l'Euesché, & y receuoir la declaration dudit Coutelle, & neantmoins qu'il fust enquis des bruits & menaces de l'enleuement dudit Coutelle, & enjoint aux Consuls d'empescher ledit enleuement, à peine d'en respondre en leur propre & priué nom, des inconueniens qui s'en pourroient ensuiure.

Ledit sieur de Peyremales auroit dit n'y auoir lieu de proceder à l'audition dudit Coutelle, tant qu'il seroit dans l'Euesché, où il n'auoit pas la liberté de dire ses sentimens, mais qu'il estoit prealable qu'il fust rendu à ses Tuteurs, les sieurs de Baudan, Cassagnes, Galepin, Iaussaud, de Fabrique, Geuaudan, Chabaud, Cablac, Rozel, Mazaudier & Trimond auroient esté de l'auis dudit sieur Lieutenant Principal.

Et les sieurs Barnier, Guiran, la Grange & Rosel Lansard de celuy du sieur de Peyremales.

Le sieur Iuge Criminel auroit esté aussi de l'auis dudit sieur Lieutenant Principal, & conclud par la pluralité des voix, suiuant iceluy qu'il seroit tout presentement deputé deux Commissaires, l'vn Catholique, & l'autre de la R. p. R. pour se transporter en l'Euesché, & y receuoir la declaration dudit Coutelle, & qu'il seroit enquis des bruits & menaces dudit enleuement, & enjoint aux Consuls de tenir la main, à ce qu'il ne soit vsé d'aucune force, violence, ny voye de fait, à peine de respondre des inconueniens en leur propre & priué nom.

Et procedant à la nomination des Deputés, ledit sieur Rozel Lieutenant Principal auroit esté prié de tous les Catholiques d'accepter cet employ, ce qu'il auroit offert, & venant à la nomination d'vn de la R. p. R. ledit sieur de Peyremales auroit esté prié de vouloir se joindre audit ſieur Rozel, ce qu'il auroit refuſé; ayant proteſté qu'il ne pouuoit aller ouïr ledit Coutelle dans l'Eueſché, où il n'eſtoit pas en liberté: mais que ſi on l'auoit remis en la puiſſance du ſieur Berard ſon Tuteur, il offroit d'y aller; & luy ayant eſté repreſenté que la déliberation eſtoit au contraire, & que ſuiuant icelle il falloit ſe tranſporter en l'Eueſché, il auroit perſiſté en ſon refus, & en ſuitte, les ſieurs Barnier, Guiran, Villar, la Grange & Roſel Lanſard, ayant eſté requis l'vn apres l'autre de ſe tranſporter en l'Eueſché auec ledit ſieur Rozel Lieutenant Principal, & y receuoir la declaration dudit Coutelle, ils auroient fait le meſme refus que ledit ſieur de Peyremales.

Ce qu'entendu par Nouſdit Procureur du Roy, Nous aurions requis que le Regiſtre demeuraſt chargé du refus fait par leſdits ſieurs de Peyremales, Barnier, Guiran, Villard, la Grange, & Rozel Lanſard, qui bleſſoit la diſcipline & les reglemens du Palais, qui veut que ceux qui n'ont pas eſté d'auis d'vne déliberation y ſatisfaſſent auſſi bien que les autres, autrement ce ſeroit introduire le deſordre & la confuſion dans la Iuſtice, & que ce refus ne deuoit pas empeſcher ny retarder l'execution de la déliberation: mais qu'au lieu d'vn des ſieurs de la R. p. R. on deuoit nommer vn autre Catholique, pour aſſiſter ledit ſieur Lieutenant Principal, & ſuiuant leſdites requiſitions, le ſieur Caſſagnes auroit eſté nommé, pour ſe tranſporter auec ledit ſieur Lieutenant Principal en l'Eueſché, & y receuoir la declaration dudit Coutelle.

Du Samedy troiſiéme jour du mois de Septembre, Nouſdit de Rozel Lieutenant Principal, Caſſagnes Conſeiller, & de la Baulme Procureur du Roy, Nous serions transportés à l'Euesché, où estant arriués, Nous aurions fait venir dans vne Chambre aboutissant à la Salle ledit Coutelle, lequel, Nousdit Lieutenant Principal aurions enquis de son nom & âge, pourquoy & depuis quel temps il auoit quitté la maison du sieur Berard son Tuteur, & s'estoit refugié en l'Euesché, & de quelle Religion il vouloit faire profession, s'il auoit esté induit ou suborné par aucunes personnes, & s'il persistoit dans la declaration qu'il auoit faite deuans Nous le premier de ce mois. Lequel Nous auroit répondu, qu'il se nommoit Pierre Coutelle, fils de feu Pierre Coutelle, viuant Conseiller du Roy, & Secretaire de la Maison & Couronne de France; & de Damoiselle qu'il estoit âgé de treize années ou enuiron, qu'il Nous auoit cy deuant declaré le sujet qui l'auoit obligé de quitter la maison dudit sieur Gerard, & se refugier en l'Euesché, qui n'estoit autre que l'aprehension qu'il auoit d'estre mal-traitté de ses parens, à cause qu'il auoit professé la Religion Catholique, & abjuré la pretenduë Reformée, qu'on n'auoit vsé en son endroit d'aucune force, induction, ny subornation; que ce qu'il en auoit fait estoit de son propre mouuement, & par les inspirations du Ciel, qu'il estoit dans l'Euesché depuis le trentiéme du mois passé, qu'il perseueroit dans le dessein qu'il auoit fait de viure & mourir dans la Religion Catholique, Nous conjurant comme il auoit fait cy-deuant de le faire conduire en Auignon, ou autre ville, où il pust sans contrainte professer la Religion Catholique qu'il auoit embrassée, & y continuer ses études.

Dequoy Nousdit Procureur du Roy aurions requis Acte, qui nous auroit esté octroyé, pour Nous seruir en ce que de raison.

Du

Du Dimanche quatriéme dudit mois de Septembre, ledit jour auroit esté procedé à aucun Acte de Iustice, & enuiron les six heures du soir, le sieur Baudan Ministre, accompagné du sieur André Coutelle, portant ledit Ministre vn marteau, suiuis d'vne grande foulle de peuple, plusieurs armes, espées & pistolets, auroient forcé les portes de l'Euesché, & estendu sur le carreau la pluspart des Domestiques du Seigneur Euesque, qui auoient voulu s'oposer à leur violence, quatre ou cinq d'iceux ayant esté blessés à mort, & ensuitte ayant trauersé la Salle où ledit Seigneur Euesque estoit, seroient montés au plus haut du logis, & enfoncé à coups de mail la porte de la Chambre, où ledit jeune Coutelle entendant le bruit & le desordre s'estoit enfermé, l'ayant enleué par force & violence, ce qui auroit surpris & effrayé tous les Catholiques, qui aprehendoient auec raison de se voir enuelopés ensuitte de ce premier desordre dans vn massacre general aussi-bien que leurs peres, & apres ledit enleuement la plus part d'iceux s'estans rendus en l'Euesché, Nousdit de Caluiere Iuge Criminel, & de Rozel Lieutenant Principal, aurions receu la plainte & exposition dudit Seigneur Euesque, & ordonné que du contenu en icelle seroit enquis, & Nousdit Procureur du Roy aurions requis d'estre joint en l'Instance, & offert d'administrer témoins en ladite sedition & enleuement, dequoy Nous auroit esté octroyé Acte, & ensuitte, Nousdit Iuge Criminel, aurions procedé à l'information, ainsi que plus à plain apert de nostre verbal & cayer d'inquisitions.

Et ayant esté jugé à propos de mander venir les Consuls de la R. p. R. qui estoient en quelque façon responsables de cette action, par les injonctions qui leur auoient esté faites cy deuãt, d'empescher l'enleuement dudit Coutelle, & pour les obliger d'employer la force qu'ils ont en main pour arrester le cours de la sedition, & se saisir des autheurs d'icelle, & le sieur Martinet troisiéme Consul Catholique qui estoit dans l'Assemblée, s'estant chargé de leur dire de la part de la Cour Presidial de se rendre à l'Euesché, & estant reuenu quelque temps aprés, auroit raporté qu'ayant rencontré les sieurs Bon & Roux second & quatriéme Consuls, suiuis de plusieurs de leurs Conseillers Politiques & autres, tous faisant profession de la R. p. R. & fait sçauoir l'ordre qu'il auoit de la Cour Presidial, ils auroient répondu qu'ils ne pouuoient se rendre à l'Euesché, à cause qu'ils vouloient rouller la ville, pour arrester le cours de la sedition. Dequoy Nousdit Procureur du Roy aurions requis Acte, qui nous auroit esté octroyé.

Du Lundy cinquiéme dudit mois de Septembre, sur les huict heures du matin, Nousdit Procureur du Roy serions entrés au Palais, ou estoient assemblez Messieurs de Caluiere Iuge Criminel, de Rozel Lieutenant Principal, de Peyremales Lieutenant Particulier, Baudan, Cassagnes, Barnier, Guiran, Villar, Galepin, Geuaudan, Chabaud, la Grange, Cabiac, Mazaudier, Couttellier, Trimond & Rozel Lansard Conseillers, & exposé que personne ne pouuoit ignorer ce qui s'estoit passé le jour d'hier en l'enleuement dudit Coutelle, qui depuis six jours s'estoit refugié à l'Euesché, & comme quoy on auoit forcé les portes de l'Euesché, blessé à mort cinq ou six Domestiques du Seigneur Euesque, enfoncé la porte de la Chambre ou ledit Coutelle s'estoit enfermé, iceluy enleué & traisné comme en triomphe par la Ville, que par cette action la Foy publique estoit violée, les Edits & pacifications enfreins, & les personnes & biens de tous les Catholiques exposés à la fureur du peuple, qu'elle estoit encore agrauée par les circonstances du jour, du temps & des personnes qui l'auoient commise, que c'estoit vn jour de Dimanche, jour auquel les Catholiques par vn chant solemnel d'vn *Te Deum laudamus* dans l'Eglise Cathedralle, auoient témoigné leur joye & leur satisfaction pour l'heureuse naissance d'vn Prince en la Maison Royale, dont Madame la Duchesse d'Orleans estoit accouchée, & jour de Cene pour ceux de la R. p. R. qu'ils deuoient sanctifier, autrement que par le sang & les armes à l'issue d'vn Presche, & par vn Ministre qui c'estoit treuué à la teste de tous ces mutins, forcé le premier la porte, & terrassé d'vn coup de marteau le portier. Que jusques icy en toutes les seditions qui peuuent auoir esté excitées par ceux de la R. p. R. on n'y auoit jamais veu aucun Ministre à la teste comme à celle du jour d'hier, & qu'au contraire, quoy qu'ils en fussent ou les autheurs, ou les complices, ils faisoient semblant de les desaprouuer, & donnoient du moins les aparences pour en arrester le cours; que si ce crime demeuroit impuny, il n'y auroit plus de seureté pour les Catholiques dans Nismes; que puis qu'vn Ministre estoit de la partie, & qu'on n'auoit pas espargné la Maison d'vn Euesque, qui doit estre vn azile sacré; il n'est pas à presumer qu'on espargne, ny les Magistrats, ny les autres au premier caprice dudit Ministre ou de ceux de sa faction, qu'on trauailloit aux procedures, & qu'elles seroient bien-tost remises, & que Nous esperions que tous ceux du Corps, sans distinction de Religion se porteroient auec ardeur à condamner cette injure publique, & chastier par la seuerité des Loix les coupables de cette sedition, & cependant l'enleuement dudit Coutelle estant notoire, & ayant esté fait par vn de ses Tuteurs, qui par consequent l'auoit en son pouuoir, Nous requerions, puis que cy-deuant Messieurs les Magistrats de la R. p. R. auoient offert, lors qu'il seroit au pouuoir de ses Tuteurs de proceder à son audition, & receuoir sa declaration, qu'il fust deputé deux Commissaires pour ce transporter aux maisons desdits Berard & Coutelle, pour y ouïr ledit Coutelle, & sçauoir sa volonté sur la profession de sa Religion.

Le sieur Rozel Lieutenant Principal auroit esté d'auis & offert de ce transporter auec vn de la R. p. R. és maisons dudit Coutelle & Berard, tous les autres Magistrats Catholiques auoient esté de mesme auis, & ceux de la R. p. R. apres plusieurs longueurs & contestations les vns demandant auant opiner sur ladite requisition de voir les preuues qu'on auoit faites sur l'enleuement, les autres que puis que ledit Seigneur c'estoit des-ja pourueu en la Chambre de l'Edit, qu'il falloit y renuoyer la cognoissance de ce different, les autres qu'il falloit auoir les Consuls pour assister à la declaration dudit Coutelle, se seroient enfin rangés du sentiment des Catholiques, & les sieurs de Peyremales & Barnier s'estans offerts, & par ainsi estant necessaire de doubler le nombre des Commissaires, & ledit sieur Iuge Criminel s'estant aussi offert d'estre vn des Commissaires, ensuitte lesdits sieurs Iuge Criminel, Lieutenant Principal & Particulier, & Barnier auec le sieur de la Croix Aduocat du Roy, ce seroient transportés aux maisons desdits Coutelle & Berard, & estant de retour auroient raporté à la Compagnie, qu'ayant esté à la maison

maison dudit Coutelle, ils auroient treuué la Damoiselle de Rulman sa femme, & que l'ayant enquise où estoit son mary, si ledit Pierre Coutelle son Nepueu estoit dans la maison, & si elle sçauoit où ce qu'il estoit, elle auroit répondu que son mary estoit absent depuis hier au soir, qu'elle ne sçauoit ce qu'il estoit deuenu, & que dans la nuit elle estant couchée, elle auroit oüy grand bruit en la ruë, mais qu'elle n'auoit pas eu la curiosité de s'informer du sujet de ce bruit, ayant offert de faire ouuerture de tous les membres de sa maison, pour y faire la perquisition dudit Coutelle; delà s'estans lesdits sieurs Commissaires transportés dans la maison dudit Berard, & iceluy enquis où estoit ledit Coutelle son Nepueu, auroit répondu ne sçauoir où il estoit, qu'il n'auoit pas sçeu ny participé en son enleuement, & qu'il offroit aussi de faire ouuerture de tous les membres de sa maison, pour en faire la perquisition.

Apres quoy, Nousdit Iuge Criminel ayant commencé de faire le raport des procedures faites sur ladite sedition & enleuement, le sieur Guiran Conseiller auroit raporté vne Requeste au nom desdits Berard & Coutelle de recusation contre la pluspart des Magistrats du Siege, & Nousdit Procureur du Roy estans entrés, & veu que ladite Requeste n'estoit pas signée, & que d'ailleurs elle contenoit vn aueu de l'enleuement dudit Coutelle, aurions represénté que par les Ordonnances Royaux, & par les Arrests de la Cour de Parlement, il estoit deffendu d'auoir aucun égard aux Requestes, si elles n'estoient signées par les parties, & qu'aussi on ne deuoit faire aucune consideration; & que quand celle dont est question seroit signée, que s'agissant d'vne sedition & crime public dont l'instruction doit estre accellerée pour en empeſcher les progrés, il n'y pouuoit auoir aucune recuſation contre les Iuges de la part des preuenus; & que quoy que la pluſpart de ces recuſations fuſſent tirées du parentage deſdits Berard & Coutelle auec les ſieurs Magiſtrats, Nous eſtions ſi fort aſſeurés de leur probité & zelle au ſeruice du Roy, & au repos & tranquillité publique, que Nous n'en voulions recuſer aucun, & conſentions qu'ils en fuſſent les Iuges; & toutefois attendu que deladite Requeſte Nous pouuions tirer vne preuue conuaincante de l'enleuement dudit Coutelle, Nous requerions qu'elle fuſt paraffée, ce qui auroit eſté fait, & nonobſtant toutes les oppoſitions formées par les ſieurs Magiſtrats de la R. p. R. ſouſtenant qu'il falloit auant proceder à la decretation deſdites informations faire juger les recuſations, & les recuſés ſortir de la Chambre du Conſeil, à effet du Iugement deſdites recuſations par Nouſdit Iuge Criminel, ſuiuant la pluralité des voix; Auroit eſté déliberé, que ſans auoir égard à la Requeſte de reccuſation il ſeroit procedé à la decretation deſdites inquiſitions, & ladite Requeſte paraffée; ce qu'ayant eſté fait, & Decret de priſe de corps laxé contre ledit Baudan Miniſtre, André Coutelle & autres leurs complices, Nouſdit Procureur du Roy aurions requis Acte, que leſdits Conſuls fuſſent mandés pour preſter main forte à l'execution dudit Decret.

Et au bout de quelque temps, eſtans venus leſdits ſieurs Bon, Martinet & Roux, ſecond troiſiéme & quatriéme Conſuls, les ſieur Fabre Aſſeſſeur, de Cabriéres, de Veſtric, Fauier, du Vieux, Vignolles, Rocolin, Peocet, Barthelemy, Michelin, Deyron, Liboud, Pepin, & Reſtouin Conſeillers Politiques, & Ferraud Secretaire, & entrés dans la Chambre du Conſeil, Nouſdit

Iuge Criminel aurions dit ausdits sieurs Bon & Roux, second & quatriéme Consuls de ladite R. p. R. que la Compagnie estoit mal satisfaite de leur conduite, que leur ayant esté enjoint de sa part de tenir la main à ce que ledit Coutelle ne fust enleué, & les ayant rendu responsables des euenemens, ils l'auroient negligé, qu'hier au soir ayant esté mandés venir en l'Euesché pour y rendre compte de cette sedition, & des diligences qu'ils auoient aporté pour en arrester le cours, ils s'en estoient excusez, au pretexte qu'ils vouloient trauailler à faire retirer le peuple, & appaiser le desordre, & mesme ils n'auoient pas daigné d'informer la Cour de l'estat de la Ville, & de la disposition des Habitans, qu'ayant la force en main, il estoit de leur deuoir de la venir offrir à leurs vrais & legitimes Magistrats, pour l'execution de leurs ordres; ce que n'ayant pas fait d'eux mesmes, la Compagnie auoit esté obligée de les mander venir pour les enjoindre de prester main forte à l'execution des Decrets de prise de corps qu'elle auoit laxés contre les autheurs & complices de la sedition & enleuement dudit Coutelle. A quoy ledit Bon second Consul auroit répondu qu'ils auoient trauaillé incessamment pour appaiser la sedition, s'estans au premier abord rendus à l'Euesché pour offrir seruice audit Seigneur Euesque, que cette affaire estoit de la cognoissance de la Chambre, & qu'ils y enuoyeroient leur verbal. A quoy Nousdit Iuge Criminel aurions repliqué, que Nous estions les premiers Iuges, & que jusques que ladite Chambre en ait cognu, ils estoient obligés d'obeïr aux Ordonnances de la Compagnie, & ledit sieur de Vestric-Fauier ayant pris la parolle, auroit dit que les Consuls n'estoient ny Huissiers, ny Sergens, pour executer les Decrets, à quoy ayant esté reparty par Nousdit Iuge Criminel, qu'on ne leur demandoit que la main forte, & que les Huissiers de la Cour porteroient les Decrets, ledit de Vestric auroit dit qu'ils la presteroient lors qu'il seroit besoin, & Nousdit Iuge Criminel leur ayant dit qu'on en auoit besoin tout presentement, lesdit Bon, Roux, Vestric, & tous les autres Conseillers Politiques faisant profession de la R. p. R. seroient sortis tumultueusement de la Chambre du Conseil, & ledit Martinet troisiéme Consul, Fabre & autres Conseillers Politiques faisant profession de la Religion Catholique, estans demeurés, auroient offert à la Compagnie toute l'assistance qui demandoit d'eux, & quoy qu'ils n'eussent pas la force en main, ils estoient prests d'employer leurs personnes & leurs vies pour l'execution de ses ordres. Dequoy Nousdit Iuge Criminel les aurions remerciés de la part de la Compagnie, ce qu'entendu par les sieurs Magistrats de la R. p. R. ils auroient protesté que les Consuls de la R. p. R. ne manqueroient pas de leur costé de satisfaire à ce qu'il leur seroit enjoint, & que sans doute ils n'auoient pas compris qu'on eust besoin tout presentement de leur assistance; que si on les faisoit rapeller ils s'asseuroient qu'ils executeroient sans delay ce que leur seroit ordonné, & ayant mandé vers lesdits Consuls de la R. p. R. le Greffier du Conseil, lequel estant reuenu, auroit raporté qu'ayant fait sçauoir ausdits Consuls & leur Conseil que la Compagnie leur mandoit de reuenir au Palais, lesdits Consuls n'auroient rien respondu, mais ceux de leur Conseil auroient dit qu'il estoit tard, & qu'ils vouloient aller disner. Dequoy Nousdit Procureur du Roy aurions requis Acte, qui nous auroit esté octroyé.

Et

Et depuis les Mardy, Mercredy, Ieudy, & Vendredy, six sept huict & neufiéme Septembre, par Nousdit Iuge Criminel, auroit esté procedé à la continuation des inquisitions, & icelles raportées en la Chambre du Conseil, auroit esté laxé Decret de prise de corps contre plusieurs coupables de ladite sedition ainsi qu'il en apert par lesdites inquisitions & Decret. *Signés*, de Caluiere, Rozel Lieutenant Principal, Baudan, Galepin, de Chabaud, Bane, de Trimond, de la Baume Procureur du Roy.

ACTE FAIT AV SEIGNEVR Euesque de Nismes; Auec la réponse dudit Seigneur Euesque.

L'AN mil six cens cinquante, le premier jour du mois de Septembre, aprés midy, pardeuant moy Notaire Royal soubsigné, & en presence des témoins bas nommez, a esté en personne Monsieur André Coutelle, tant en son nom, que de Monsieur Louis Berard, Conseiller du Roy, & Receueur en Languedoc, Tuteur des enfans de Monsieur Pierre Coutelle, Conseiller & Secretaire du Roy; lequel ayant la presence personnelle de Monseigneur l'Illustrissime & Reuerendissime Messire Hector d'Ouurier, par la misericorde de Dieu, & grace du S. Siege Euesque de Nismes, Conseiller du Roy en ses Conseils d'Estat & Priué, luy ont dit & representé, que pour faire instruire aux bonnes lettres Pierre Coutelle leur Nepueu, l'vn des enfans Mineurs dudit sieur Coutelle, qu'ils l'auoient mis dans le College de la Presantuille, afin d'aller prendre des Leçons; & quoy que par le droit & les Edits Pacifiques donnés en faueur de ceux de la Religion pretenduë Reformée, & particulierement par l'article 18. de l'Edit de Nantes, & par l'article 39. des articles particuliers du mesme Edit, il soit permis aux peres & autres qui sont en leurs lieux & place de faire éleuer & instruire leurs enfans à leurs plaisirs & volótés, & mesme qu'il soit expressement deffendu d'enleuer & auoir par force & induction les enfans contre le gré de leurs parens; neantmoins le Pere Bech son Regent, sous lequel ledit Pierre Coutelle jeune enfant prenoit sa Leçon, & tous les autres du mesme Ordre l'auroiét rauy & enleué de la maison dudit sieur Berard, où il faisoit sa demeure & habitation ordinaire dans le Carrosse dudit Seigneur Euesque; & d'autant que lesdits sieurs Berard & Coutelle ont esté auertis que ledit Pierre Coutelle est à present dans la maison dudit Seigneur Euesque, où il est detenu contre les Loix diuines & humaines, & par vne contreuention manifeste aux Edits de Pacification au grand scandale du public, & au prejudice desdits Requerans, qui ont la conduitte & administration de la personne & biens dudit Pierre Coutelle, & qui ne luy ont jamais donné aucun sujet de plainte, ont sommé & requis, somment & requierent ledit Seigneur Euesque de leur vouloir rendre, restituer & remettre entre leurs mains tout presentement ledit Coutelle, pupille & fort jeune, pour continuer suiuant le deub de leur charge à le nourrir & entretenir, & pouruoir à son instruction & education; autrement & en refus de ce faire, ont proteste & protestent contre ledit Seigneur Euesque de ce pouruoir en Iustice pour raison dudit rauissement, & de tout ce qu'ils peuuent protester de droit, requerant response & Acte à moy Notaire, Coutelle, signé.

Lequel Seigneur Euesque entendu la teneur dudit Acte, a répondu qu'il est veritable que Mardy dernier trentiéme du mois passé, ledit Pierre Coutelle ayant eu des mouuemens & inspirations pour abjurer la Religion pretenduë Reformée, & faire profession de la Catholique Apostolique & Romaine, se voyant découuert en son dessein par ses parens, & craignant d'estre maltraité d'iceux, & n'auoir pas dans leur maison la liberté de professer ouuertement ladite Religion Catholique; il se seroit retiré chés le sieur Ferrand Receueur des Decimes qui l'auroit requis de le faire conduire dans l'Euesché, dequoy ledit respondant estant auerty, il y auroit enuoyé son Carrosse, dans lequel ledit Coutelle seroit venu, & d'abord auroit demandé sa protection, le suppliant de le vouloir garentir de la violence qu'il aprehendoit de ses parens, protestant qu'il vouloit viure & mourir dans ladite Religion Catholique, sans auoir esté induit ny suborné pour cela, ny par les Iesuistes, ny par aucuns autres, mais que c'estoit de sa propre volonté; ce que ledit Seigneur répondant auroit creu ne deuoir refuser, & pour faire voir la sincerité de son procedé, il en auroit donné auis à Monsieur le Procureur du Roy, & ensuitte mandé prier Monsieur le Lieutenant Rozel de vouloir prendre la peine de se transporter auec vn Magistrat de la Religion pretenduë Reformée, pour receuoir en presence dudit sieur Procureur du Roy la declaration dudit Coutelle, lequel s'y estoit transporté, & ensuitte le sieur de la Grange Conseiller faisant profession de la Religion pretenduë Reformée les auroit sommés de vouloir proceder à l'audition dudit Coutelle, & sçauoir de luy son intention; ce que ledit sieur de la Grange auroit refusé, sous pretexte qu'il estoit parent ou alié dudit Coutelle, & en son refus, ledit Seigneur respondant luy auroit protesté que l'accés de l'Euesché seroit

seroit libre à tous les parens dudit Coutelle, & autres qui viendroient pour le voir, luy parler en particulier; sçauoir de luy quelle estoit son intention, ce que ledit sieur de la Grange ayant accepté, & promis d'en conferer ausdits parens, & hier dernier du mois passé, en consequence de ce lesdits sieurs Berard & Coutelle, & les Damoiselles de Berard, Coutelle & Richart, & autres, auroient veu, entendu, & entretenu en particulier diuerses fois ledit Coutelle, lequel leur auroit declaré hautement & constamment sa volonté, laquelle leur doit seruir de reigle, puis que les consciences ne peuuent pas estre forcées; Et encore ledit Seigneur répondant, pour témoigner sa bonne foy, auroit offert audit sieur Berard, & fait offrir par des personnes d'honneur & de condition, de consentir que ledit Coutelle fust tiré de l'Euesché, pourueu qu'il fust mis en la maison d'vn Magistrat Catholique, luy en donnant le choix, mesmes de ceux dont les femmes font profession de ladite Religion pretenduë Reformée; & en son refus il auroit esté obligé en conscience de le retenir dans l'Euesché, pour empescher qu'il ne fust pas mal traitté, jusques à-ce que par la Iustice en fust ordonné; & on ne deuoit pas se seruir du bas âge dudit Coutelle, pour pretexter la violence dont on menace; puis qu'en l'âge qu'il a, il peut estre plainement instruit des mysteres de la Religion Catholique, & que l'Eglise fait participer à la saincte Communion les autres de cét âge, Dieu pouuant aussi bien toucher le cœur d'vn jeune que d'vn vieux; Et l'on voit dans l'Histoire Ecclesiastique, qu'il y a beaucoup d'enfans moins âgés que ledit Coutelle, qui ont versé leur sang & souffert le Martyre pour la Foy, Dieu suppleant par vn surcroist de grace la foiblesse de l'âge ; Et aux fins qu'on voye qu'on n'a vsé d'aucune violence, induction, ny subornation, ny contreuenu directement ou indirectement aux Edits de Pacification, a fait venir ledit Coutelle, pour de sa bouche, en presence de Messieurs de Rozel, Lieutenant Principal, Cassagnes, Gallepin, Trimond & de la Baume Procureur du Roy ; les Sieurs Bon, Martinet, & Roux, second, troisiéme & quatriéme Consuls ; Messieurs Percet Aduocat, Michelin, Deyron Conseillers Politiques, & autres qui sont icy assemblez, leur declarent sa volonté ; & ledit Coutelle estant venu, il auroit en presence de tous les susdits nommés declaré hautement & en diuerses fois, qu'il n'auoit esté forcé, induit ny suborné, mais que par vne inspiration du Ciel il a resolu d'embrasser la Religion Catholique, dans laquelle il veut viure & mourir ; Ayant aussi declaré qu'il ne pouuoit & ne vouloit retourner dans la maison de ses pares, crainte d'en estre maltraitté, & requerant d'estre enuoyé dans vne ville Catholique, pour estre éleué en la pieté & Religion Catholique, & y continuer ses Estudes ; ce que ledit Seigneur répondant à requis estre inseré dans sa réponce, pour luy seruir en temps & lieu. Fait & recité dans ledit Euesché presens sieur Daniel Imbert, Escolier en Theologie, & Iean Frone de Sommiere soubssignés auec ledit Seigneur Euesque, ledit Pierre Coutelle, ledit André Coutelle ayant signé au bas de l'Acte, & n'a voulu signer la presente réponce ; & moy Claude Priuat Notaire Royal dudit Nismes soubssigné ; Hector Euesque de Nismes, Pierre Coutelle, Imbert present, Frone present, Priuat Notaire signés à l'Original, Collationné sur son Original, receu par moy Notaire soubssigné, Priuat Notaire signé.

ARREST DE PARTAGE de la Chambre de Castres, sur la requisition du Procureur General du Roy, requerant d'enuoyer des Commissaires à Nismes.

EXTRAICT DES REGISTRES DE la Chambre de l'Edit.

SVR la Requeste presenté par le Substitut du Procureur General du Roy en la Cour, contenant qu'il a eu auis que Pierre Coutelle de la ville de Nismes, Escolier âgé de douze à treize ans; ayant eu des mouuemens & inspirations de se faire Catholique, & abjurer la Religion pretenduë Reformée qu'il professoit, voyāt son dessein découuert par ses proches parens & Tuteurs, aprehendant d'estre maltraitté par eux, s'en seroit allé auec vn de ses Compagnons de Classe chés Monsieur de Ferrand Receueur, d'où sesdits Tuteurs le voulant retirer auec force pour l'empescher, il auroit fait supplier Monsieur l'Euesque de Nismes de luy permettre d'aller dans l'Euesché; ce qui auroit esté fait, où sesdits Tuteurs & parens l'auroient veu & parlé en toute liberté, & deux des Officiers du Senechal dudit Nismes de l'vne & de l'autre Religion se seroient transportés dans ledit Eues ché, ausquels ledit Coutelle auroit declaré sa volonté, & prier iceux de la vouloir rediger par escrit, estant prest de la signer; ce que Monsieur de la Grange auroit refusé, se disant proche parent dudit Coutelle, & ledit sieur Euesque de Nismes suiuant sa prudence ordinaire, auroit vsé de toutes les precautions & formalités necessaires, & qu'on a accoustumé de se seruir en Iustice en ses rencontres, suiuant les Edits de pacification & Arrests de la Cour surce donnés; jusques là mesme, qu'estant auerty que les parens des Tuteurs dudit Coutelle pupille faisoient de grandes assemblées, & excitoient le peuple à sedition pour l'enleuer par force & violence dans la maison Episcopale; Il auroit souffert qu'André Coutelle, tant en son nom que de Maistre Louis de Berard Receueur, Tuteur des enfans de feu Maistre Pierre Coutelle, quand il viuoit Secretaire du Roy, luy auroient fait Acte sur ce sujet, en presence des Magistrats tant de Iustice que Police de ladite ville, & plusieurs autres habitans d'icelle, tant de l'vne que de l'autre Religion, & par sa réponse mise au pied dudit Acte; faisant voir qu'il n'a pas tenu à luy que tous les expediens imaginables n'ayent esté pris pour le bien de paix, & satisfactions des parties interessées, & pour éuiter les inconueniens qui s'en pourroient ensuiure, dequoy il auroit protesté en sadite réponse; & d'autant que telles voyes de fait & entreprises doiuent estre reprimées, comme tendantes à troubler le repos & tranquillité publique, auroit requis qu'il pleust à la Cour y pouruoir, & commettre deux des Conseillers d'icelle pour se transporter en ladite ville de Nismes, à

l'effet

l'effet d'oüir en liberté ledit Coutelle, sur le fait de sa Conuersion, & informer des faits cy-dessus mentionnés, auec les injonctions requises: Et veu ledit Acte de protestation fait audit sieur Euesque, le premier du present mois, auec la réponse à icelle du mesme jour; LA COVR en la Chambre a declaré & declare, estre interuenu partage, sur ce que sept opinans faisant profession de la Religion Catholique Apostolique Romaine, ont esté d'auis, ayant égard à ladite Requeste, de deputer des Conseillers d'icelle pour se transporter en ladite ville de Nismes, pour oüir en liberté ledit Pierre Coutelle, sur le fait de sa Conuersion, & en outre informer des fraix cy-dessus mentionnés & autres qui seront baillés par Brefs, intendit pour la procedure desdits Commissaires, & informations rapportées estre ordonné ce qu'il appartiendra; & cependant faire deffences tant aux Tuteurs dudit Pierre Coutelle, que tous autres qu'il appartiendra, de troubler ledit Pierre Coutelle en sa liberté, & entreprendre sur sa personne, à peine de quatre mil liures, enjoindre à ces fins à tous Magistrats, Consuls & autres sujets de sa Majesté, prester main forte à l'execution tant du present Arrest que des Ordonnances desdits Commissaires, à peine de suspension de leurs Charges: Et les autres en pareil nombre de sept opinans faisant profession de la Religion pretenduë Reformée, ont esté d'auis d'ordonner que ledit Pierre Coutelle sera remis au pouuoir de ses Tuteurs, & qu'extrait de sa naissance en bonne forme sera remis, pour ce fait estre ordonné ce qu'il appartiendra. Prononcé à Castres en ladite Chambre, le dixiéme Septembre mil six cens cinquante, ISAR, Monsieur de SENAVS Rapporteur, ainsi signés.

Que pour faire clairement voir le déni de Iustice; Il est à remarquer que le nommé Pierre Coutelle, duquel on demande le Baptistaire, a esté Baptisé à Charenton, lés Paris.

L

RAPPORT DES MEDECINS & Chirurgiens.

NOVS Simon de Sainct Martin, Docteur en Medecine, Tristan Theremin, Maistre Chirurgien, Doyen des Maistres, & Commis du premier Medecin du Roy, aux rapports qui ce font d'authorité de Iustice; Iean Pinet & Gedeon Basti aussi Maistres Chirurgiens, commis par Monsieur le Seneschal ou son Lieutenant Criminel, pour proceder à la verification de certaines personnes blessées cy bas mentionnées; Certifions à tous qu'il appartiendra, nous estre portés dans la maison de Monseigneur de Nismes, ou disons auoir trouué premierement François Belard, Valet de Chambre, gisant au lict, lequel apres auoir exactement visité, auons trouué sur iceluy vne playe sur le bras senestre au dessus, & sur la joincture de l'os dudit bras, appelé hermious, auec les clauicules, estant de longueur de six trauers de doigt, sur laquelle auons trouué trois points d'aiguille, asseurant nousdit Theremin estre de largeur de trois trauers de doigt, ladite playe penetrer jusques à l'os, auec diuision dudit os, qui est cause que nous auons trouué ledit bras estre sans aucun mouuement, en laquelle playe y a eu grande effusion de sang, laquelle jugeons auoir esté faite par instrument tranchant, de laquelle nous ne pouuons rien asseurer auparauant le septiéme, auquel temps il peut arriuer d'autres accidens; ayant iceluy besoin de bon regime & conduite. Auons visité en suite Pierre Ambert, Cocher, sur lequel auons trouué vne playe au doigt de la main droite, appelé annularis, & à son extresmité emportant peau & chair de la largeur d'vn liard. Autre playe entre le troisiéme & quatriéme doigt de la mesme main de longueur de cinq trauers de doigt en dedans ou dehors de ladite main, en laquelle auons remarqué grande effusion de sang, ayant esté revnie par ce point d'aiguille; estant ledit doigt sans aucun mouuement, lesques playes jugeons auoir esté faites par instrument tranchant comme épée, ou autre de mesme nature. Auons visité Iean Coste, Valet de Cocher, sur lequel auons trouué au sommet de la teste deux playes, peu distantes l'vne de l'autre, de longueur de deux trauers de doigt, penetrant jusques au pericrane, auec effusion de sang, causées par mesme instrument tranchant, estant iceluy dans des grands vomissemens, ne pouuans encore rien assurer desdites playes, comme ayant besoin de bon regime & conduite. *Item*, Auons trouué vne contusion sur le front, auec efloration de cuir au dessus de l'œil droict; autre contusion sur l'os du bras senestre, appelé humerus, de longueur de trois trauers de doigt, lesquelles contusions jugeons auoir esté faites par instrument contundant comme pierres ou baston. Auons visité Monsieur Louïs Brot, Maistre d'Hostel, sur lequel auons trouué vne contusion sur l'os humerus du bras senestre de largeur du paulme de la main; Autre contusion sur l'os occipital de la longueur & largeur d'vne main, causées lesdites contusions par instrument contundant tel que dessus. Auons visité Iean la Messes, Portier, sur lequel auons trouué vne playe contuse sur l'os coronal du costé senestre, de longueur d'vn trauers de doigt, penetrant jusques au pericrane, laquelle jugeons auoir esté faite par instrument contundant & deschirant. *Item*, vne contusion sur la derniere des faulces costes du costé senestre, & au dessous auec rougeur & liuidité, de largeur du paulme de la main, faite par instrument contundant. Et c'est le veritable rapport de l'estat des personnes cy-mentionnées, fait selon Dieu, & conscience; En foy de quoy à Nismes, ce cinquiéme Septembre, mil six cens cinquante.

Signé, S. MARTIN, T. THEREMIN,

I. PINET, & G. BASTI.

ORDON-

ORDONNANCE DE MONSEIGNEVR L'ILLVSTRISSIME ET REVERENDISSIME EVESQVE DE NISMES, Enjoignant la cessation de l'Office Diuin dans l'Eglise Cathedrale.

HECTOR D'OVVRIER, par la misericorde de Dieu, & grace du S. Siege Apostolique Euesque de Nismes, Conseiller du Roy en ses Conseils d'Estat & Priué; A tous ceux qui ces presentes Lettres verront, Salut & benediction. Nostre dignité Episcopale ayant esté offencée jusques au dernier poinct, par la violente entreprise d'vn Ministre de la R. p. R. lequel à la teste de plus de cinq cens hommes armez de Carabines, Pistolets, Espées, & Marteaux, entra le Dimanche dernier quatriéme de ce mois dans nostre Maison Episcopale, qu'il exposa au pillage, apres auoir luy-mesme blessé & fait blesser de plusieurs coups d'Espées, ou Marteaux, cinq de nos Domestiques, dont trois se treuuent blessez à mort, & les autres fort griefuement: & par cette voye s'estant rendu le maistre de nostre Maison, apres qu'il eut fait forcer & briser les portes qu'il trouua fermées, il enleua de viue force le nommé Pierre Coutelle, qui s'estoit refugié chez nous pour y pouuoir professer la Religion Catholique, Apostolique & Romaine qu'il auoit embrassée; auquel lieu ses parens & parentes, & autres de la R. p. R. l'auroient veu de nostre consentement, & luy auroient parlé en public & en particulier, autant qu'ils l'auoient desiré: Et ledit Pierre Coutelle, en presence des Magistrats appelez à cét effet, & mesmes en presẽce de ses Tuteurs, & de plusieurs de la Religion Catholique, & de la pretenduë, auroit declaré qu'il auoit requis nostre Maison, pour luy seruir d'Azile à professer libremẽt la Foy Catholique, en laquelle il protestoit vouloir viure & mourir, sans y auoir esté induit par aucune seduction ou artifice quelconque. En suite de laquelle declaration dudit Pierre Coutelle, le Ieudy precedent l'vn des Tuteurs & Oncle dudit Pierre Coutelle nous auroit donné parole pour luy & pour toute la parenté, en presence de plus de trente personnes de qualité, de ne rien attenter par les voyes de faict, mais d'agir seulement par celles de la Iustice ; & pour nous le faire croire, il nous fit deslors signifier vn Acte, auquel nous fismes nostre réponse à la mesme heure, & par le mesme Notaire ; & pour mieux nous surprendre, le Ministre choisit ce jour de Dimanche quatriéme de ce mois, auquel parce que c'estoit vn jour de Cene Generale, nous pouuions croire que les esprits seroient plus tranquilles & plus moderés, & par consequent plus esloignez d'vne action si violente, comme aussi ce mesme jour les Catholiques ayant assisté au *Te Deum*, chanté dans nostre Eglise Cathedralle, pour l'heureuse naissance du Fils de S. A. R. cette joye vniuerselle ne pouuoit compatir auec aucune sorte de crainte, ce qui fit que le Ministre trouua d'autant plus de facilité à l'execution de son mauuais dessein, lequel il auoit concerté auec ceux qui depuis l'ont approuué, & fait ce qui leur a esté possible pour arrester le cours de la Iustice, & par ceux qui ont refusé de prester main forte à l'execution des Ordonnances & Decrets des Iuges legitimes, lesquels par ce deffaut ne se trouuent pas assez forts pour reprimer l'insolence des seditieux, & nous maintenir dãs la seureté de nos Maisons & de nos Personnes. Toutes ces choſes ayant eſté par Nous meurement conſiderées, & recognoiſſant que ceux de la R.p.R. oppriment la liberté de conſcience, qu'ils reçoiuent de la bonté du Roy; & de plus nous trouuans forcez à voir tous les jours les Autheurs de cét attentat, & les ſeditieux brauer auec inſolence tous ceux qui ont eſté l'object de leurs violences, & menacer de faire pis, ſi nous témoignons aucun reſſentiment; Et enfin nous voyans expoſez à la mauuaiſe volonté des Miniſtres, qui ne peuuent auoir que de tres-grandes haines contre les perſonnes du Clergé, & veu que les Miniſtres ſe trouuent en eſtat de ne pouuoir plus eſtre retenus en cette Ville par la crainte de la Iuſtice ordinaire. A CES CAVSES, afin d'oſter tout pretexte aux ſeditieux, & pour témoigner noſtre juſte douleur, voyāt l'oppreſſion manifeſte de la Religion Catholique, l'injure faite à l'Egliſe, la deſobeïſſance aux Magiſtrats, le mépris des Loix & des Ordonnances du Roy. Par l'aduis & Conſeil des Venerables Chanoines de noſtre Egliſe Cathedrale: NOVS declarons auoir ordonné, comme de fait nous ordonnōs que l'Office & Seruice Diuin ceſſera dans noſtre Cathedrale, apres les Cōplies du jour de demain Dimanche onziéme de ce mois, ſuiuant les clauſes & conditions portées par les ſaints Decrets en pareil cas: à la reſerue toutefois de l'adminiſtration neceſſaire des Sacremens pour la conſolation & edification de noſtre peuple; auquel effet nous exceptons de noſtre preſente Ordonnāce la ſeule Chapelle du S. Sacremēt, dans laquelle nous permettons au Curé & Vicaire, & autres Preſtres par noſtre permiſſion, ou la leur, de celebrer des Meſſes priuées, meſmes pour les defuncts, & adminiſtrer les Sacrements requis, ainſi qu'il leur ſera par nous plus amplemēt declaré. Et au lieu du ſeruice que nous auons accoûtumé de faire en noſtre-dite Egliſe Cathedrale,

Nous declarons auoir choisi la Ville & Eglise de Beaucaire, lieu ordinaire de nostre retraite en semblables accidens, ou du consentemēt de Monseigneur l'Archeuesque d'Arles, & à la priere des Venerables Chanoines de ladite Ville de Beaucaire; & encore suiuant les semonces & offres tres-gratieuses qui nous ont esté faites par Messieurs les Cōsuls, Gouuerneurs & Viguiers de ladite Ville, de la part de leur Communauté: Nous nous transporterons Lundy prochain 12. de ce mois, & commencerons à y faire les Offices diuins & autres choses, tout ainsi que nous auōs accoûtumé de les faire dans nostre Eglise Cathedrale. Faisant tres-expresses defenses à tous & châcūs les Chanoines de nostre Venerable Chapitre, & à tous autres Prestres, de quelque qualité & condition qu'ils soient d'entrer en nostre Eglise Cathedrale, pour y faire aucune fonction concernant l'Office Diuin, jusques à ce que la cessation ordonnée par ces Presentes soit par nous leuée & reuoquée, & ce à peine de suspension de leurs Ordres, que nous leur declarons encouruë *Ipso facto*. Et afin que personne n'en puisse pretendre cause d'ignorance, Nous enjoignons que nostre presente Ordonnāce sera leuë & publiée Dimanche prochain par le Curé ou Vicaire faisant son Prosne, & que les Copies d'icelle seront affichées aux portes de nostre-dite Eglise Cathedrale: En foy dequoy nous auons signé les Presentes de nostre main, & icelles fait contresigner par nostre Secretaire, & seeller du Seau de nos Armes. Fait à Nismes ce dixiéme Septembre, mil six cens cinquante.

HECTOR Euesque de Nismes.

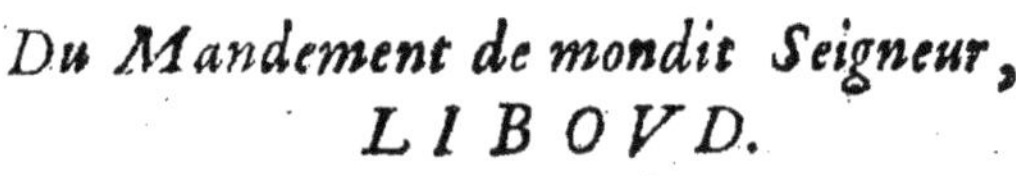

Du Mandement de mondit Seigneur,
LIBOVD.

www.ingramcontent.com/pod-product-compliance
Ingram Content Group UK Ltd.
Pitfield, Milton Keynes, MK11 3LW, UK
UKHW021950260726
13994UKWH00004B/1650

9 782019 987510